ЭТА КНИГА ПРИНАДЛЕЖИТ:

....
имя

....
фамилия

Весёлые уроки

Санкт-Петербург

АНДРЕЙ УСАЧЁВ

ВЕСЁЛЫЙ БУКВАРЬ

ПОСОБИЕ ДЛЯ ДОШКОЛЬНИКОВ,
ШКОЛЬНИКОВ И ПОСЛЕШКОЛЬНИКОВ

УДК 087.5
ББК 84(2Рос-Рус)6
У 74

*Иллюстрации в тексте
Александра Зудина*

*Иллюстрация на обложке
Дмитрия Непомнящего, Ольги Попугаевой*

*Серийное оформление
Татьяны Павловой*

Усачёв А.

У 74 Весёлый букварь. Пособие для дошкольников, школьников и послешкольников : стихи / Андрей Усачёв. — СПб. : Азбука, Азбука-Аттикус, 2016. — 48 с. : ил. — (Весёлые уроки).

ISBN 978-5-389-10142-5

Без алфавита нам в жизни никак не обойтись. Кому-то ещё только предстоит его выучить. А кто-то знает его уже давным-давно и наверняка скажет, что запоминать буквы — скучнейшее занятие. Ничего подобного — по крайней мере, если за дело берётся замечательный педагог и выдумщик профессор АУ. Ему-то известно, что за каждой буквой скрывается забавная история, над которой начинающий читатель от души посмеётся. «Весёлый букварь» поможет выучить буквы, разобраться в отличиях гласных и согласных, букв и звуков, а заодно и понять, чем же так важно чтение.

УДК 087.5
ББК 84(2Рос-Рус)6

© Андрей Усачёв, 2016
© Александр Зудин, иллюстрации в тексте, 2010
© Дмитрий Непомнящий, Ольга Попугаева, иллюстрация на обложке, 2015
© Оформление. ООО «Издательская Группа „Азбука-Аттикус"», 2015
Издательство АЗБУКА®

ISBN 978-5-389-10142-5

ПРЕДИСЛОВИЕ

Уважаемый читатель (начинающий или продолжающий)!

Вы, конечно, согласитесь, что без букв жить очень непросто. Человек, не знающий букв, не сумеет прочесть вывеску или важное объявление. Он не сможет написать ни длинное письмо, ни коротенькую поздравительную открытку. Он обязательно заблудится в метро и даже просто на незнакомой улице. Но самое главное: такой человек не сможет читать книги. А значит, он не узнает столько всего интересного и полезного!

Эта книга предназначена тем, кто ещё только начинает осваиваться в мире букв. В «Весёлом букваре» две части. Первая — «Букварь», в ней собраны стихи, которые познакомят вас с буквами русского алфавита. Весь окружающий нас мир состоит из звуков, буквы превращают их в слова, которые можно записать и прочитать. Когда-нибудь вы обязательно сможете прочитать все стихи этой книги полностью! Родители, бабушки и дедушки, учителя будут очень-очень гордиться вами. А пока потренируйтесь на словах, которые напечатаны рядом с каждой буквой алфавита.

Другая часть — «Читарь» — пособие для самомамопапостоятельного чтения. Ведь если вы чему-то научились, очень важно закрепить новый навык. И совсем не страшно, если со стихами из «Читаря» вам немножко помогут мама или папа. Главное, чтобы вы продолжали читать — сначала слова, а потом и настоящие книги. И если вам понравится читать — а вам наверняка понравится! — книги станут для вас незаменимыми помощниками и друзьями, с которыми вы никогда не заскучаете.

БУКВАРЬ

БУКВЫ И ЗВУКИ

Перевод со всемирного

Как записать на бумаге, друзья,
Голос ручья или трель соловья?..
Ветра дыханье на каменных плитах,
Пение скрипок и шелест морей —
Тут нам не хватит и трёх алфавитов,
Букв недостанет из ста букварей!

Буквы мы пишем,
Но мы их не слышим.
Звуки мы слышим,
Но их не напишем...
Как передать всё простым языком,
Если нам голос вещей незнаком?

Так я сидел в положенье сутулом,
Долго кряхтел и в затылке чесал,
Чиркал бумагу, поскрипывал стулом...
(Как бы я этот звук записал?!)

Бросив учебники со словарями,
Дни напролёт я глядел в небосвод,
Слушал букашек и птиц со зверями...
И — наконец! — я нашёл перевод.

Может быть, это не по науке:
«Му» и «гав-гав», «чик-чирик» и «сквир-сквир»...
Все эти неуловимые звуки
Вместе звучат —
«КАК ПРЕКРАСЕН НАШ МИР!»

ГЛАСНЫЕ БУКВЫ

Идут занятья классные —
Мы изучаем гласные:

А, О, У, Ы,
Я, Е, Ю, И,
и Э, и Ё —
и всё!

А ананас, акула,
барабан

Ананас

— А на нас упал ананас!
— А на вас?
— А нам на нос — абрикос...
— А нам на пузо — два арбуза!

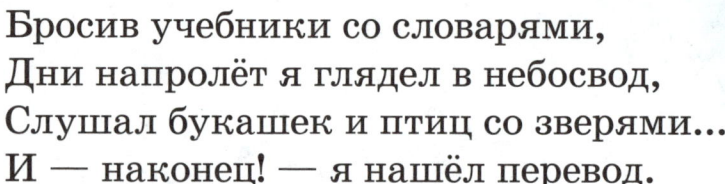

О озеро, облако, олень, колобок, коробок, колокол

Молоковоз

Молоко молоковоз
Долго-долго в город вёз:
От коров — в ворота,
Потом — до огорода,
Потом — до поворота...

А потом — в болото!

У утка, утюг, лук, сундук, бурундук, кукуруза

Бурундук

Бурундук залез в сундук.
Белый вылез бурундук:

В сундуке была мука —
Не узнать бурундука!

Ы мартышка, пышка, сыр, малыш, мышка

Рыбы

Мы не рыбы, рыбы немы.

Тыквы

Тыквы вырыты, тыквы вымыты.

Знакомство

— Мы — мыши.
— А вы?
— Выдры!
— Вы — дры?
Вылезайте из дыры!

И иголки, индюки, игрушки

У кого что?

У Фили — финики.
У Иришки — ириски.
А у киски в миске —
Рис и сосиски.

Ё, ё ёж, ёрш, ёлка, перепёлка

Перепел и перепёлка

Перепел не пил, не ел,
Перепёлке песни пел:
Пел перепёлке
Песенки о ёлке.

Ёлка

Зелёная, на букву Ё —
Очень я люблю её.

Я яблоко, яхта,
якорь, ящерица

Волчья ягода

Волчья ягода — знаменитая:
Волчья ягода — ядовитая!

Ну а вдруг растут волчьи овощи?
Увезут меня в «скорой помощи»!..

Нет, не буду есть больше яблок я!
Вдруг на свете есть волчья яблоня?!

Какая бывает заря?

Заря разная, как я:
Ласковая, ясная,
Хмурая, ужасная,
Быстрая, ленивая,
Добрая, красивая!

Ю
юла, юбка, июль

Как живётся воробью?
Интервью на букву «Ю»

Что сказать про жизнь мою?
Жаловаться не люблю:
Пью, пою, клюю и сплю,
Гнёзд не вью и слёз не лью,
С вороною воюю —
В общем, не горюю.

А девочку Юлю
На даче жду к июлю!

Э
экскаватор, эскимо, этажерка

Эхолот

Это, дети, эхолот!
Эхо ловит он из вод:
Эх, какая глубина —
Километров пять до дна!

> Эхолот — прибор для измерения глубины моря.

СОГЛАСНЫЕ БУКВЫ

Мы знаем буквы гласные,
Прибавим к ним согласные —
И прочитаем слоги...
Затем — слова и строки!

Й мой, ничей, яйцо,
хороший, попугай

«и» краткое
ай, ой, эй, ий, ей, яй, уй, ёй, юй, ый

Пирог для зайца

Зайка к дому — прыг да скок!
Зайку дома ждёт пирог:
Пшеничный, вкусный, сладкий —
С капустой и с «И» кратким...

Эй, постой,
Зайка мой,
Лапы мой
Перед едой!

Н он, она,
они, оно, нет

на, ну, но, нэ, ны,
ня, ню, нё, не, ни

Я — Аня

Я не Нина,
Я не Инна
И не Ваня,
А я — Аня.

Т

тётя, тени, нет,
ноты, еноты, нити,
тайна, тонна

та, то, те, ту, ты,
тя, тё, тэ, тю, ти

Тётя енота

У енота — тётя Тоня.
Тётя Тоня в тине тонет.
— Тётя Тоня, не тони!
— Эй, тяни её, тяни!

Тут енот, и там — енот.
Тянет этот, тянет тот.
Тянут-потянут... вытянули!

К

кот, кит, каток, котята,
китята, утки, кони,
окуни, кино, окно

ка, ко, ку, кы, ке,
ки, кэ, кю, кё

Кот, кит и каток

На каток — кот идёт.
Под каток — кит плывёт.

Кот котят катает,
Кит китят катает.
А каток, а каток,
А каток-то тает!

Тонок лёд.
Трах! — каток...
Кот, котята — наутёк!

Кот — скок! — на кита.
А котята — на китят.
А котята на китят —
И слезать не хотят!

Не коньки, а киты
Катают их до темноты!

 луна, олени, лани,
лето, лак, лук, лилия,
июль, клён, калина

ла, ло, лу, лы, ле,
ля, лё, лю, ли, лэ

Разговор

— Алло!
Это Лола?
Лена?
Лида?
Люда?
Лёня?
Элла?
Алла?
Как нет?
Я не туда попала?!

Лейка

Поливала лейка луг:
Лютик, лилию, лопух.
Ландыш, лук, лаванду, лён,
Колокольчик и лимон.

Кто полит? На лейке —
Наклеены наклейки.

Куклы

С Леною куклы поле пололи:
Лиля и Ляля, Лола и Лёля.

После работы с Леной гуляли
Лола и Лёля, Лиля и Ляля.

С Леной всё лето буквы учили
Лёля и Лола, Ляля и Лиля.

Куклы в углу...
       Не взяла Лена в школу
Лялю и Лилю, Лёлю и Лолу!

С оса, осёл, сын,
осина, сок, сук,
осока, кактус, усы

са, со, си, су, се, ся, сё, сы, сю, сэ

Оса, лиса и остальные...

Оса летит к лисе в лесу:
— Лису я за нос укусу...

— Оса, нет слова «у-ку-су»! —
Лиса поправила осу.

Оса в лесу летит к лосю:
— Сейчас я лося укусю...

А лось на это ей в ответ:
— Оса, такого слова нет!

А у осин стоял осёл...
— Осёл, тебя я укусё!

— Оса! — сказал осёл. — Прошу
Запомнить слово «у-ку-шу»!

— Как, как? —
Оса осла спросила:
— Я у-ку-шу?..
И укусила!

Слон

Ну и слон! Слон — силён:
Сена он несёт семь тонн.
На носу — сосну, осину,
Сетку с соком, санки — сыну.

У слона — нос сильный:
Нос слона — носильный!

*Как следует запомните:
у слона не нос, а хобот!*

М мама, мёд, мак, мука, молоко, сметана, мята, масло, малина

ма, му, мо, мэ, мы, мя, мю, мё, ме, ми

Свинка Мила

Свинка Мила
Мыла рыло.

Милой Миле
Мало мыла.

Мяса — масса,
Море сала...

Милой Миле
Мыла мало!

Б бык, бак, собака, белка, баран

ба, бу, бы, бе, бо, би, бя, бё, бэ, бю

Бык и бак

Бык был дик.
Бил бак бык.

Бил бык бак:
Бух, бах, бряк!

Бил бак лбом:
Бум, бам, бом...

Бак — лежит.
Бык — бежит:

Убегает не от бака —
Погнала быка собака!

мыши, шары,
камыши, шалаш,
машина, школа

ша, шу, шо, ши, ше, шё

Мышиное ателье

Мыши шили шубы, шали.
Им мышата не мешали:
Обучают малышей
В новой школе для мышей.

Мышиная школа

В камыше, у шалаша —
Мышки пишут букву Ш:
— Тише, мыши, не шуршите!
Ша, шу, шо, ши, ше пишите!

Что за шёпот,
        шум,
            смешок?
Кто не пишет —
        марш в мешок!

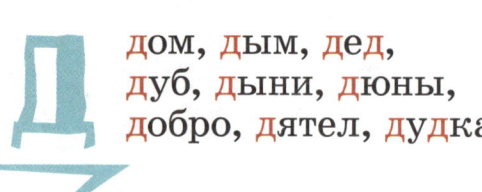

Д дом, дым, дед,
дуб, дыни, дюны,
добро, дятел, дудка

да, ду, ды, де, до,
дя, дю, ди, дэ, дё

Дед-дудед

Дед-дудед дудел в дуду:
— В огороде, во саду...

Услыхал дудеда дядя,
Задудел: — И я — дудядя!

Прилетели дятлы,
Задудели: — Мы — дудятлы!

Прибежал медведь —
И давай в дуду дудеть:
— Мы, медведи, — лучшие дудеди!

Вышли из дому ребята:
— Ду-ду-ду! И мы — дудята!

Дудели дедули,
Медведи в дудки дули,
И дяди-дудяди,
И дятлы-дудятлы,
Деревни-дудеревни
И дачи-дудачи,
Ребята-дудята,
И маленькие дети —
Лучшие дудети!

— Ду-ду-ду! — дудят в дуду. —
В огороде, во саду...

Ж жук, ко**ж**а,
жаба, ё**ж**ик,
жёлуди, **ж**асмин

жа, жу, жо, жи,
же, жё, жэ, жю

Жук по имени Жак

Жил жук по имени Жак.
Шил Жак жёлтый пиджак,
Маме — пижаму,
Жене — жакет,
Сыну — тужурку,
Дочке — жилет.
Внучке Жучке —
Кожаные брючки.
Жабе — жабо,
А себе — ничего!

Р **р**ис, **р**оса,
рыба, **р**уки,
ми**р**, у**р**ок, **р**одня

ра, ру, ре, ри, ро, ря, рю, рэ, ры, рё

Уроки рака

С утра в реке у рыб урок.
Директор-рак сердит и строг.
Кричит он утром на рыбят:
— Пишите «Р» сто раз подряд...

Ро-са, ре-ка, мо-ряк, крюч-ки,
Ру-чей, ра-кета, ры-баки!

А в третьем классе, у коряг,
Диктант диктует рыбам рак:

«Край родной! Река родная!
Нет тебе ни дна, ни края.
Широка и глубока
Наша русская река!»

Труднее в старшем классе раку:
Судак с ершом устроил драку,
Налиму сом сломал пенал...
И пишет рак в речной журнал:

«У пескаря нет букваря —
Он на урок явился зря.

У карася промок дневник —
Неаккуратный ученик.

У осетра тетрадь сыра...»
Урок закончился.
Ура!

О раке и греке
Старинный роман

Ехал грека через реку.
Видит грека: в реке — рак.
Сунул грека руку в реку,
Рак за руку грека — цап!

— Кто со мной вступает в драку? —
Крикнул грек сердито раку. —
Кто ты, рыба или краб,
И за что за руку цап?

Рак в реке ответил греку:
— А не лезь руками в реку,
Будь ты турок, или грек,
Или русский человек.

Засорили человеки
Все ручьи, пруды и реки:
Грязь от вас в реке и мрак... —
Так ответил греку рак.

Не мути в реке воды,
Чтобы не было беды!

П пират, пел, пил,
пуля, плот, пляж,
плавки, капитан

*па, пу, пе, пи, по,
пя, пю, пэ, пы, пё*

Пират и попугай

Купил попугая на рынке пират.
Пират с попугаем пошёл на парад,
Пеньковой попыхивал трубкой
И хвастал пиратам покупкой:

— На шляпе сидит он не хуже пера!
Орать веселей с попугаем «ура!»,
Пулять с ним на пару из пушки
И рому попить на пирушке.
С ним можно вдвоём погулять,
                          покурить,
Прохожих пугать,
                по душам говорить...

Пират говорил.
А из глаз попугая
Слеза покатилась
Мужская, скупая.

 заря, зима,
моро́з, ро́за, зано́за,
кукуру́за, зеркало

за, зо, зу, зе, зы,
зя, зё, зю, зи, зэ

Козёл и коза

Козёл козе сказал: — Коза!
Теперь я не козёл — козак!
Вчера меня бараны
Избрали в атаманы.

И на заре пойду в поход
Я за капустой в огород.

А ты, — сказал козе козёл, —
Мне постирай в тазу камзол!

Тут засверкали, как гроза,
Козы зелёные глаза:
— Да ты с ума сошёл, козёл!
Чтоб я стирала твой камзол?!

Коза козла за чуб взяла —
И ну вовсю тузить козла:
— Запомни, я тебе не прачка...
Коль ты — козак,
То я — козачка!

В ваза, варежка, вагон, завод, поворот, занавеска

ва, вы, ве, во,
вя, ву, вё, вю, вэ, ви

Воз ваз

В выходной, весной как раз,
Вол Василий вёз воз ваз.
А вокруг весна, тепло:
Вербы, вишни — всё цвело.

Позабыв о возе ваз,
Вол пошёл в весёлый пляс —

Налетел на старый вяз...
Вот и кончен наш рассказ!

Ч чиж, чибис, чай, чашка, очки, чучело, чечётка, луч

ча, че, чо, чи, чё, чу, чэ

Четыре чертёнка

Четыре чёрненьких чумазеньких чертёнка
Чертили чёрными чернилами чертёж:
Черны чулки, часы, чулан и собачонка,
А чёртов дедушка на чучело похож.

За час внучата перепачкали всю дачу,
И чайник с чашками, и бабушку в придачу!

Чукча в чуме

Чукча в чуме буквы учит:
Говорит учитель чукче:
— Чукча, честно час учи:
ЧА, ЧЕ, ЧЁ и ЧО, ЧУ, ЧИ!

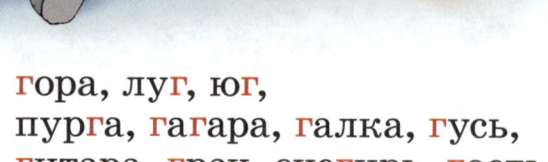

Г гора, луг, юг,
пурга, гагара, галка, гусь,
гитара, грач, снегирь, гость

га, го, гу, гы, ге, ги, гэ, гя, гю, гё

Гагарино горе

Разговор на птичьем базаре

У гагары плач и горе:
Хоть живёт она у моря,
К ней не пристаёт загар,
Не берёт загар гагар.

Говорит она подруге:
— Месяц я была на юге.
Получили все загар,
А я — солнечный удар!

Галки не были на пляже,
А они чернее сажи.
Вон гуляет ворон,
Как галоша, чёрен.

Даже наши снегири
Покраснели, посмотри...

Грач лоснится от загара,
Голубь — чуть не синий.
Я одна, — грустит гагара, —
Белая, как иней!

Говорят, она ревела
Целый год у моря.
А потом и почернела...
Видимо, от горя.

Ф филин, факел,
фиалки, кофе, фонтан,
финики, шарф

*фа, фо, фу, фы,
фе, фи, фя, фэ, фё, фю*

У графа из шкафа...

У графа из шкафа украли
                    фарфор.
Футляры с сапфирами
                    вытащил вор,
Кофейник, фужеры,
          фиалки в графине,
Конфеты, фуфайку
          и фото графини.

Спёр фикус
И арфу из финской фанеры...
Графиня сказала:
— Фи, что за манеры?!

Х муха, ухо,
эхо, хорёк, хомяк,
петух, лопух, хобот

ха, хо, хи, ху, хе,
хэ, хё, хы, хю, хя

Комната смеха

В комнате смеха
Такая потеха:
— Ой! Уши у вас — лопухи!
— А нос ваш как хобот!..
Весь день слышен хохот:
Ха-ха, хе-хе-хе, хи-хи-хи!

Но вот все уходят
Из комнаты смеха.
Ночь в парке
Темна и тиха...
Лишь бродит по парку
Негромкое эхо:
Хо-хо, ху-ху-ху, ха-ха-ха!

Щ щи, лещи, овощи,
хвощ, щавель, щука,
щенок, щегол, ящик

ща, щу, ще, щи, щё

Щеглиха-щеголиха

За речкой, в роще тихой,
Жил щегол с щеглихой.
А щеглиха у щегла
Щеголихою была:

То идёт гулять в плаще,
То красуется в плюще.

28

Удивляются соседи:
— Ну, щеглиха, ты вообще!

Накупила у скворцов
Щёток, ножниц и щипцов —
Выщипала щёки,
Шею, крылья, ноги.

Ощипала перья
И довольно щурится:
— Хороша теперь я —
Вылитая курица!

Ц цапля, палец,
мудрец, цирк,
царь, молодцы

ца, цу, цы, цо, це, ци, цэ

О мудреце и огурце

Посадил один мудрец
В огороде огурец.

Был сначала он с яйцо,
С курицу, с овцу, с крыльцо.

Через месяц к огурцу
Приставляли лестницу.

Огурец всё рос и рос.
И мудрец задал вопрос:

— Может, нет у огурца
Ни начала, ни конца?

И мудрец наверх полез.
И добрался до небес...

И свалился с огурца —
И не стало мудреца.

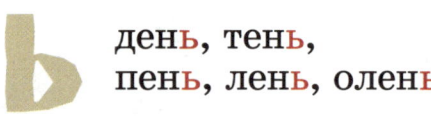

ь день, тень,
пень, лень, олень

мягкий знак

Санки, танки и варенье

У Саньки — санки,
А у Таньки — танки.
А у бабки в баньке
Есть варенье в банке.

Осень

Наступила осень.
Дождик льёт у сосен.

У перелётных птиц —
               отлёт.
Сегодня — льёт, а завтра —
               лёд.

И ласточка гнезда не вьёт.
На юг с собой детей
               зовёт:

— Летим! Сегодня ливни
               льют,
А завтра будет холод
               лют!

Сказание о Сазане и Тарани

Возле города Рязань
Жил-был молодец Сазан.
Вдоль да по речке хаживал,
Усом траву покашивал.

А под городом Казань
Рыбой правила Тарань,
Всех в реке тиранила,
Рыбий люд таранила:
Захватила царский трон —
И её попробуй тронь!

И однажды на таран
Вызвал наш Сазан Тарань.

Объявили строго всем:
Бой начнётся ровно в семь.
Прибыл Сом с Язями,
Важными князьями.

— Что за бой в такую рань? —
Возмущался Окунь.
— Эй, тарань её, тарань! —
Слышится из окон.

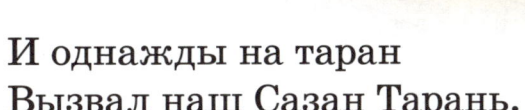

На таран идут — лоб в лоб.
Рябь пошла и волны.
Всколыхнулась Волга, Обь.
Зрители довольны.

— Эй, Тарань, — кричит Карась, —
Ты Сазану нос расквась!
Лещ орёт Сазану:
— Врежь-ка ей по жбану!

— Бей! — вопят Пескарь с Плотвой.
Бьются рыбы час, другой.
Третий бьются.
Только... никакого толка.

Раки начали свистеть.
Тут всех и поймали в сеть...

И конец сказанью
Про судьбу Сазанью.

> Бой происходил в глубинах Волги. Могла всколыхнуться река Ока, впадающая в Волгу. Но никак не Обь. Возьмите карту — и увидите сами.

съезд, объезд, подъезд, разъезд, объяснение, объём, объявление

твёрдый знак

Объявления

В доме отдыха — плакат.
Объявления висят:

«Привет всем отдыхающим,
Порядок уважающим!»

«В семь часов у нас подъём.
А не ночью! И не днём!»

«Просьба — не бросать объедки.
И не требовать салфетки!»

«Ну сколько можно объяснять:
Бельё не будут вам менять!»

«Измерить талии объём
В медпункте можно только днём».

«Въезд машинам запрещён,
Чтоб не портили газон!»

«Около подъезда
Песни петь не место!»

«Кто хочет здесь кота держать —
Тот может сразу отъезжать!»

«Кому на это начихать —
У нас не будет отдыхать!»

А ниже сделана приписка:

АДМИНИСТРАЦИЯ —
РЕДИСКА!

ЧИТАРЬ

(пособие для самомамопапостоятельного чтения)

Раз — словечко,
Два — словечко,
Речь струится, словно речка...

А бывает, с язычища
Льётся целая речища!

О ЧТЕНИИ

Читать ужасно интересно:
Вы можете сидеть, лежать
И — не сходя при этом с места —
Глазами книгу ПРОБЕЖАТЬ!

Да-да! Читать — ХОДИТЬ ГЛАЗАМИ:
За ручку с мамой, после — сами.
Ходить — ведь это же пустяк,
Не бойтесь сделать первый шаг!

Споткнулись раз, другой...
                       И вдруг вы
Прочли подряд четыре буквы.

И вы пошли, пошли, пошли —
И слово первое прочли!

От слова к слову — как по кочкам —
Помчитесь весело по строчкам...
И так научитесь читать —
Как бегать,
       прыгать...
               Как летать!

Я знаю, скоро по странице
Порхать вы станете, как птицы...
Ведь необъятен и велик,
Как небо, —
       мир волшебный книг!

КНИЖКА В ТРАВЕ

На траве лежала
Маленькая книжка.
Мимо пробегала
Маленькая мышка.
Лист за листом
Полистала хвостом
И задумалась:
«Очень вещь занятная,
Пи, пи, пи.
Только непонятная,
Пи, пи, пи».

Мимо прыгала лягушка:
— Это что за раскладушка?..
Очень вещь занятная,
Ква-ква-ква.
Только непонятная,
Ква-ква-ква.

Вот спускается к картинке
Паучок на паутинке.
Муха рядом с ним кружит,
С удивлением жужжит:
— Очень вещь занятная,
Жу-жу-жу.
Только непонятная,
Жу-жу-жу.

Прилетела стрекоза —
Растопырила глаза.
И коровке божьей
Любопытно тоже.

Покружилась и пчела —
Ничего не поняла:
— Тут листок, там листок...
Очень странный цветок!

Между строчек по странице
Поползли две гусеницы.
Забрались на лист жучки:
— Тут какие-то значки!

Муравей наморщил лоб,
Целый час в затылке скрёб:
— Очень вещь занятная,
Эх...
Только непонятная!
Эх...

А потом примчалась
Девочка вприпрыжку,
Та, что потеряла
Маленькую книжку.

Она не стала прыгать,
И ползать, и летать —

Она открыла книгу
И стала вслух читать...

И пчела поняла,
И узнала мышка,
Для чего нужна была
Маленькая книжка.

КНИЖНОЕ ДЕРЕВО

Как удивителен наш мир!
В нём есть чудесный сад:
Там зреют сливы и инжир,
Айва и виноград.
Растут орехи весом в пуд,
И персики, и груши...
А есть деревья, где растут
Чудесные игрушки.

Там дерево Чуковского
Стояло знаменитое:
На нём висели спелые
Чулки и башмаки!
За ним тянулись грядками
Деревья с шоколадками...
И леденцы с помадками
Теряли лепестки.

Но я забыл про карамель
И пряники с коврижками,
Когда увидел дерево,
Увешанное книжками:

С ветвей свисали гроздьями
Альбомы для раскраски,
Росли тома огромные
И маленькие сказки;

Красные, зелёные,
Синие и белые,
Грустные, весёлые,
Кислые и спелые.

Бегут к нему писатели
С мешками и корзинками
За книжками, журналами,
Весёлыми картинками.

И дерево чудесное
Трясут, трясут, трясут...
И книжки интересные
Авоськами несут.

— Ого! — кричат водители,
Машины нагружая. —
Давненько мы не видели
Такого урожая!

Когда о Книжном дереве
Я рассказал друзьям,
Они мне не поверили:
— Ты всё придумал сам!

Я сочиняю на ходу,
Но тут я не соврал:
Я эту книжку в том саду
На дереве сорвал!

Автор испортил стихотворение К. Чуковского «Чудо-дерево». Хотя мысль верная: бумагу делают из древесины. Поэтому любое дерево — книжное.

ГОВОРЯЩАЯ СОВА

Говорящая сова
Знала разные слова:
Мама, бабушка, петрушка,
Крокодил, верблюд, айва.

Я, узнав про это чудо,
Побежал скорей к сове
Поболтать с ней о верблюдах,
Крокодилах и айве!

Говорю сове: — Здорóво!
Что — верблюды? Как айва?
Не ответила ни слова
Говорящая сова.

Целый месяц приставал я:
— Ну скажи хоть пару слов!
Наконец сова сказала:
— Ненавижу болтунов!

ИСПОРЧЕННАЯ КНИЖКА

Ночью мышь залезла в дом.
Мышь изгрызла книжный том:
Все страницы обкусала —
Половины букв не стало...

Вышло много ерунды
Из-за мышкиной еды:

Папа КОЛ приносит
Вместо КОЛБАСЫ.
Мама дома носит
Не БУСЫ, а... УСЫ.

Из весёлой СКРИПКИ
Получился СКРИП.

На рыбалку плыли
С песнями пять РЫБ.

Вышло три ведра УХИ
Из обычной МУХИ.

В огороде ЛОПУХИ
Превратились в... УХИ.

Вместо злого ВОЛКА
Выл из чащи ВОЛ.

Плотник делал ПОЛКУ —
Получился ПОЛ.

У МАШИНЫ по пути
Откусили... ШИНЫ!

Не на шутку стал расти
Аппетит мышиный.

Съела ОСЬМИНОГА
С головы до... НОГ,
А от НОСОРОГА
Уцелел лишь... РОГ.

Но отгрызла букву О
Мышка у ОКОШКА,
И мгновенно из него
Появилась... КОШКА!

Мышка начала дрожать,
Мышка бросилась бежать.
Кошка хитро щурит глазки —
Сторожит конец у сказки.

Попробуйте найти, какие буквы съела мышка!

ЭЙ!
Обращение к читателям

Кричать не надо людям: — ЭЙ!
Есть имена у всех людей.

А незнакомых вам позвать
Поможет обращение:
«ПРОСТИТЕ, Я ХОЧУ СКАЗАТЬ...»
Или «ПРОШУ ПРОЩЕНИЯ...»

Порой приятно услыхать
Пенсионеру — «ДЕДУШКА»,
А даме в двадцать — двадцать пять —
И «БАРЫШНЯ», и «ДЕВУШКА».

Приятней ЖЕНЩИНЕ чужой
И незнакомой ТЁТЕ,
Когда вы ТЁТЮ — ГОСПОЖОЙ
И ДАМОЙ назовёте.

К вам повернётся ГОСПОДИН,
ТОВАРИЩ улыбнётся...
Не отзовётся ЭЙ один,
ЭЙТЫ не обернётся!

> Когда на улице меня
> Ты встретишь, мой читатель,
> То не кричи средь бела дня:
> — Послушай, ЭЙ, писатель!

ПОСЛЕСЛОВИЕ
(для детей и взрослых, уже умеющих читать)

ЖИЛ ЧЕЛОВЕК НЕГРАМОТНЫЙ!

Жил человек рассеянный...
С. Маршак

Жил человек неграмотный
В районе Юго-Западной,
На улице Восточной,
А может, Самотёчной.

Он пошёл однажды в ШКОЛУ,
Чтоб купить там пепси-колу.
А потом зашёл в «ЧАСЫ» —
Взять на ужин колбасы...

Вот какой неграмотный
Жил у Юго-Западной!

Дали в ЦИРК ему билет,
А чудак пошёл в БАЛЕТ...

Долго он потел в партере
И воскликнул через час:

— Что за цирк такой?! Где звери?
Где тут клоуны у вас?

Вот какой неграмотный
Жил на Юго-Западной!

Он отправился в АПТЕКУ,
Чтоб посылку получить.
— Вам, — сказали человеку, —
Нужно голову лечить!

А однажды наш чудак
Перепутал с БАНЕЙ БАНК.
— Где, — кричит, — тазы, мочалка?
Где мужская раздевалка?

Говорит кассир ему:
— Я вас что-то не пойму!
Дайте карточку для денег...
Что вы мне суёте веник?!

Вот какой неграмотный
Жил на Юго-Западной!

Раз уснул в трамвае он
И попал в другой район.

Он вдоль разных улиц мчится,
В двери разные стучится
И кричит на всю Москву:
— Тут я иль не тут живу?

Человек без промедленья
Был доставлен в отделенье.
И полиции майор
На него глядит в упор:

— Имя, возраст, где родились?..
Говорите, заблудились?
Перепутали свой дом?
В это верится с трудом!
Гражданин, напрасно врёте.
Где, скажите, вы живёте?

Тут закричал неграмотный:
— В районе Юго-Западной,
На улице Восточной,
А может, Самотёчной —
Поскольку я неграмотный,
Не знаю адрес точный!

Почесал майор в макушке:
— Ну а кто же знает — Пушкин?
Мы сидим тут третий час —
Нечего дурачить нас!

Распишитесь в протоколе...
А чудак: — Я не был в школе,
Не умею я писать!..
Стал майор в носу чесать,
А потом как закричит,
Сапогами застучит:

— Вы же хуже иностранца!
Жулик может расписаться!
Полуграмотный бандит
Рядом с вами — эрудит!

Я шутить не стану шуток —
Дам я вам пятнадцать суток,
И чтоб вы за этот срок
Буквы знали назубок!

Охватил испуг беднягу:
— Дайте мне букварь, бумагу —

Я пойти учиться рад
В школу... или в детский сад!

Вот какой неграмотный
Жил на Юго-Западной,
А может, на Восточной...
Не знаю адрес точный!

А вы знаете свой точный адрес?

САМЫЙ КОНЕЦ

Тому, кто эту книгу
Сам до конца прочтёт,
Огромное спасибо,
И слава, и почёт!

СОДЕРЖАНИЕ

ПРЕДИСЛОВИЕ 5

БУКВАРЬ

БУКВЫ И ЗВУКИ (Перевод со всемирного) 7
ГЛАСНЫЕ БУКВЫ 8

Ананас (8). Молоковоз (9). Бурундук (9). Рыбы (9). Тыквы (9). Знакомство (10). У кого что? (10) Перепел и перепёлка (10). Ёлка (11). Волчья ягода (11). Какая бывает заря? (11) Как живётся воробью? (12) Эхолот (12).

СОГЛАСНЫЕ БУКВЫ 13

Пирог для зайца (13). Я — Аня (13). Тётя енота (14). Кот, кит и каток (14). Разговор (15). Лейка (16). Куклы (16). Оса, лиса и остальные... (16) Слон (17). Свинка Мила (18). Бык и бак (18). Мышиное ателье (19). Мышиная школа (19). Дед-дудед (20). Жук по имени Жак (21). Уроки рака (21). О раке и греке (22). Пират и попугай (23). Козёл и коза (24). Воз ваз (25). Четыре чертёнка (25). Чукча в чуме (26). Гагарино горе (26). У графа из шкафа... (27) Комната смеха (28). Щеглиха-щеголиха (28). О мудреце и огурце (29). Санки, танки и варенье (30). Осень (30). Сказание о Сазане и Тарани (31). Объявления (32).

ЧИТАРЬ
(пособие для самомамопапостоятельного чтения)

　　О ЧТЕНИИ 34
　　КНИЖКА В ТРАВЕ 35
　　КНИЖНОЕ ДЕРЕВО 37
　　ГОВОРЯЩАЯ СОВА 39
　　ИСПОРЧЕННАЯ КНИЖКА 39
　　ЭЙ! *(Обращение к читателям)* 41

ПОСЛЕСЛОВИЕ
(для детей и взрослых, уже умеющих читать)

　　ЖИЛ ЧЕЛОВЕК НЕГРАМОТНЫЙ! 42
　　САМЫЙ КОНЕЦ. 45

Литературно-художественное издание
Для среднего школьного возраста

СЕРИЯ «ВЕСЁЛЫЕ УРОКИ»

АНДРЕЙ УСАЧЁВ

ВЕСЁЛЫЙ БУКВАРЬ

ПОСОБИЕ ДЛЯ ДОШКОЛЬНИКОВ, ШКОЛЬНИКОВ И ПОСЛЕШКОЛЬНИКОВ

Ответственный редактор *Александра Сагалова*
Художественный редактор *Татьяна Павлова*
Технический редактор *Валентин Бердник*
Корректор *Лариса Ершова*
Компьютерная вёрстка *Валентина Бердника*

Главный редактор *Александр Жикаренцев*

ООО «Издательская Группа „Азбука-Аттикус"» — обладатель товарного знака АЗБУКА®
119334, Москва, 5-й Донской проезд, д. 15, стр. 4

Филиал ООО «Издательская Группа „Азбука-Аттикус"» в Санкт-Петербурге
191123, Санкт-Петербург, Воскресенская наб., д. 12, лит. А

ЧП «Издательство „Махаон-Украина"»
04073, Киев Московский пр., д. 6 (2-й этаж)

ПО ВОПРОСАМ РАСПРОСТРАНЕНИЯ ОБРАЩАЙТЕСЬ:

В Москве:
ООО «Издательская Группа „Азбука-Аттикус"»
Тел.: (495) 933-76-01, факс: (495) 933-76-19
E-mail: sales@atticus-group.ru; info@azbooka-m.ru

В Санкт-Петербурге:
Филиал ООО «Издательская Группа „Азбука-Аттикус"»
Тел.: (812) 327-04-55, факс: (812) 327-01-60
E-mail: trade@azbooka.spb.ru; atticus@azbooka.spb.ru

В Киеве:
ЧП «Издательство „Махаон-Украина"»
Тел./факс: (044) 490-99-01
E-mail: sale@machaon.kiev.ua

Информация о новинках и планах
на сайтах: www.azbooka.ru, www.atticus-group.ru

Информация по вопросам приема рукописей и творческого сотрудничества
размещена по адресу: www.azbooka.ru/new_authors/

Знак информационной продукции
(Федеральный закон № 436-ФЗ от 29.12.2010 г.): 6+

Подписано в печать 10.08.2016. Формат издания 84 × 108 $^1/_{16}$.
Гарнитура «Школьная». Печать офсетная. Бумага офсетная.
Усл. печ. л. 5,9. Тираж 3000 экз. Заказ № 2875/16.

Отпечатано в соответствии с предоставленными материалами
в ООО «ИПК Парето-Принт». 170546, Тверская область,
Промышленная зона Боровлево-1, комплекс № 3А.
www.pareto-print.ru